AF378027

PATRICK DEVAUX

BAISERS SOUFFLÉS

Poésie

Pierre Turcotte Éditeur
Collection Magma Poésie

© 2022 Pierre Turcotte Éditeur. Tous droits réservés.
Dépôt légal - Bibliothèque et Archives nationales du Québec,
Bibliothèque et Archives Canada, 2022.
ISBN : 978-2-925219-24-8 (Broché)

Sommaire

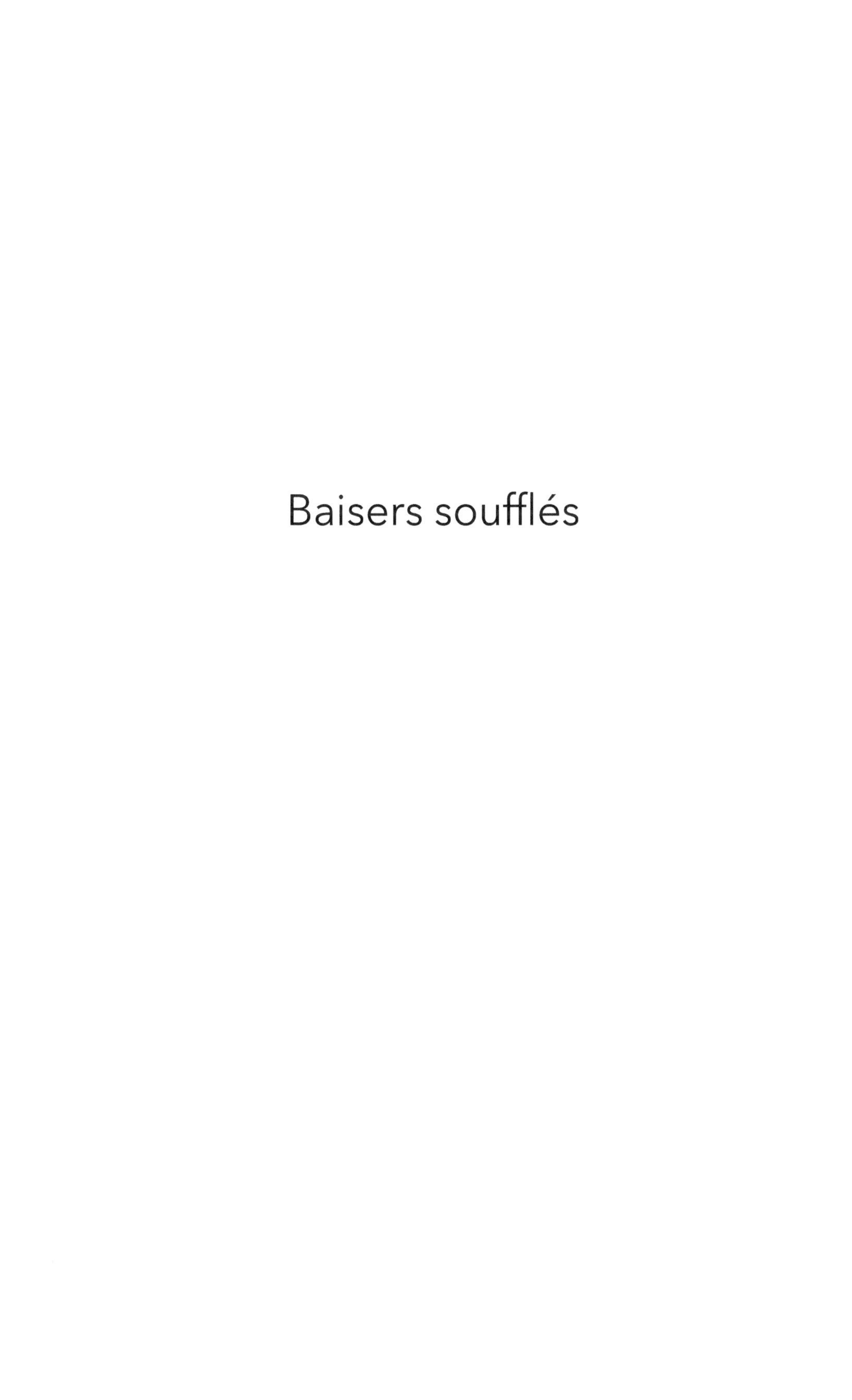

Baisers soufflés

Que reste-t-il de notre passage quand un paysage ou un mouvement de ciel pense révéler un instant fugace le rendant éternel ?

Entre trains, gares, brouillard et anges la poésie a-t-elle cette faculté de mémoriser la trace, le sillage à l'instar de certains peintres suscitant des atmosphères où le passé semble parfois surgir ?

Figée en mots, l'encre se fait vivante passagère des rencontres tandis que le poète se cherche une motivation ou un destin entre ce qui lui apparait et les mots.

En filigrane c'est la mer, avec son atout d'horizon, qui, peut-être, a la réponse. Un baiser soufflé reste ainsi suspendu dans l'espace-temps. Reste au lecteur de l'apprivoiser et de lui rendre son âme.

avec
le ciel
pour
mémoire
et
la mer
pour
étendue
l'oubli
ne
prend
aucun
risque
l'éternité
peut s'accomplir

ouvre
ta main
de
doutes
aux
oiseaux
ils y
poseront
la plume confiante
qui
donne
du
grain à
moudre à
la paume
d'un poème

12

je t'ai mise
dans
tous
les reflets
de
miroir
dans
toutes
les flaques
d'eau
un pas
sur
deux
avec
l'autre
conservé
dans
la lente marche
d'une promenade
ultime

13

on a mis
les petits plats
dans
les grands
les morts
sont
conviés à
la table
des
vivants
ils mâchent
leurs mots
avec
tous
les non-dits
possibles

lentement
j'érode
les mots
ils
auront
un jour
la décence
de
disparaître
motivés
de
la très lente
paresse
de
l'encre

15

veilleur
d'étoiles
la mienne a
souvent
fondu
dans
ma poche
perçant
le cœur
d'un doute
en plus

le temps
apprend
des gestes
que
nous
ne maîtrisons pas
coquet
il tente
la raie
sur
le côté
d'une chevelure
d'ange
devenue
plus rare

souvenirs
comme
ces débris
de
coquillages
qu'on
écrase
du pied
sans
en
deviner
les cris

pour
qui
donc
deviendrai-je
cette
marée
sans
retour
qui me fit
tant
douter ?
nu
le sable
dévoilera-t-il
alors enfin
les prénoms
ultimes ?

19

des tonnes
de
poèmes
ont été
écrits
alors
qu'une seule phrase
pourrait
résonner
d'un écho
permanent

c'est un banc
sans personne
et
j'y vois
quelqu'un
c'est une allée
sans personne
et
j'y entends
des pas
seule
présence
la rose
parfumée
qui
une fois
encore a
tant rêvé
d'une
boutonnière

on parle
de
sécheresse
et
de
fleurs à
taire
il faudra
aux puits
plus
d'une main
secourable
pour
remonter
la lourde chaîne
des doutes

achever
l'espace
restant à
tirage
d'encre
éparpillée
tourner
dans
le sens
du
grand manège
caresser
du
regard
les équidés
de
bois
non chevauchés

il y avait
la pluie
quelque chose
ainsi
un prénom
peut-être
sur
un parapluie
soudainement
fermé
il n'a pas
tout dit
du vent
qui
traverserait
la mouvante
chevelure
du
temps

24

petit
sifflotement
dans
le coin
de
la tête
c'est
peut-être
un ange
en
plus
coincé
dans
la proximité
d'une aile
de
départ

25

cela
aurait pu
arriver
là
ou
ici
près
de
ce banc vide
où
un couple
se partage
les yeux
à
susciter
l'un ou l'autre
peut-être
tout
n'est
que
risque

26

une porte
claquée
et
quelques pas
dans
l'allée
peuvent
faire
manquer
l'adieu
laissant
transir
la maison
devenue
très pâle
de
l'acte
manqué

pris
de
court
le poème
se fait
rescapé
d'un tiroir
quand
un indice
le révèle
au grand
public
sans
avertissement
préalable

il y avait
le train
déposé
sur
le doute
d'un brouillard
on aurait
pu
écrire
dessus
avec
la plume
de
l'ange
qui
doucement
sur
le quai
battait
de
l'aile

29

quand
une maison
rate
ses fenêtres
elle réussit
souvent
sa porte
d'entrée
si
peu
de
monde y
passe
qu'elle finit
par
fleurir

fortuite
la nuit a
plus
d'une heure
dans
son sac
elle trie
se trompe
parfois
de
minute
souriant
d'un train
qui
part
avec
la passagère
de
l'oubli

il y avait
ce tremblement
de
lèvres
observées
par
inadvertance
le geste
posant
un doigt
sur
la bouche
devenue
pause
éternelle

c'est
un quai
de
mémoire
véritable
monument à
souvenirs
quelqu'un
parfois y
dépose
le geste répété
de
la minute
manquante
et
tu souris
de
mes fleurs
virtuelles

funambule
la poésie
vit
parfois
de
terribles
moments
quand
in fine
vacillante
elle
se ressaisit
d'un
mouvement
de
ciel

il n'y a
pas
d'indices
un oubli
parfait
n'a pas
besoin
d'enquête
on prendra
un vieux chapeau
secoué
de
quelques numéros
laissés
au hasard
d'un tour
gratuit
possible
seul
le temps
est
gagnant à
tous les coups

la beauté
d'une gare
dépend
des
souvenirs
oubliés
sur
le quai
et
d'un baiser
soufflé
dans
une main

plus
de
doute
possible
le poème
est
un mirage
il s'efface
avec
la bonne
ou
la mauvaise
humeur
de
l'encre

37

si
j'ai parfois
dîné
en
cachette
dans
le jardin
des ombres
c'est
pour
mieux
ressentir
la caresse
de
quelques
vivants

le poème
est
cet escalier
de
secours
où
les mots
souvent
d'urgence
tentent
de
s'agripper
aux rampes
quand
s'esquivent
les marches

39

je ne saurai
rien
du
premier
venu
qui
arrivera
au
bout
de
mes écrits
aura
découvert
le mot
d'amour
ultime
dans
la cendre refroidie
c'est
sans doute
bien ainsi

rends
au sablier
la mémoire
de
la plage
imagine
les pas nus
qui
peut-être
la firent
danser à
l'abri
des secondes

étirer
les mots
ces cabines
de
pages
dunes
écrites
pour
partition
de
sable
fredonnant
la pêche
miraculeuse
d'un soleil orange

le poète
est
celui
qui
marche
avec
une tache
d'oubli
au
côté
droit

baisers
soufflés
à
la marée
descendante
geste
inutile
au soleil
couchant
qui
jamais
ne rendra
les pas effacés
sur
un estran
coupable
d'inadvertance

sur
un banc
avec
un chapeau
posé à
l'envers
on devine
parfois
là
une ombre
inattendue
qui
jeta
d'une façon
ou
d'une autre
les clés
de
vivre

45

je
te partage
comme
je peux
tantôt
avec
un jeu
de
mots
tantôt
avec
un geste
et
quand
tombent
les dés
d'un
double six
il m'arrive
même
de
sourire

j'étoffe
ma promenade
dans
l'écriture
des oyats
essoufflés
de
vent
la mer
oublie
peu
et
sait
lire
entre
les lignes

je te rends
utile
et
tu
n'en sais rien
la coupe
d'offrande
au
soleil
est
pleine
de
surprises
peut-être
n'es-tu
personne
et
que
j'ai seulement
rêvé

À propos de l'auteur

Patrick Devaux est né à Mouscron, sur la frontière franco-belge. Habite à présent à Rixensart dans le Brabant Wallon. Il a fait carrière à la RTBF (radiotélévision belge) et dans le secteur bancaire.

Il est président de l'Association Royale des Écrivains et Artistes de Wallonie/Bruxelles (AREAW/B), membre de l'Association des Écrivains Belges (AEB), membre du Grenier Jane Tony et président des Ateliers littéraires du Roman Pays, un atelier d'écriture.

Après un passage aux Ateliers poétiques du Roman Pays à Rixensart, où il fit la rencontre de la poétesse Kathleen Van Melle (1964–1988) et de son père Paul Van Melle, il s'activa au sein du Groupe de Réflexion et Information Littéraire (GRIL). C'est le GRIL, fondé par feu Paul Van Melle, qui publiera ses premières œuvres poétiques. Il se fit ensuite connaître en France où il obtint le **Prix Poésie sur Seine** en 2006 et il publia un premier récit romancé, *Un prénom de rencontre*, paru à Limoges aux Éditions Le Bruit des Autres.

Il a beaucoup publié et publie encore en revues (Inédit, Poésie sur Seine, Florilège, Rose des temps, Les saisons du poème, Envol, Noréal, L'Arche d'Ouvèze, l'Encrier, Microbe, Ecrits Vains, le Journal des Poètes, le Non-Dit, Nos Lettres, Nouveaux Délits, Ecritures, quelques revues numériques comme celle du Grenier Jane Tony, etc...). Il est aussi chroniqueur de la revue Reflets de l'AREAW.

Ses ouvrages récents ont été publiés en Belgique aux éditions Le Coudrier.

Il a de nombreux contacts en France et notamment avec « L'Écritoire d'Estieugues » de Cours la Ville, devenu un groupe de poètes francophones de tous horizons qui se rencontrent chaque

49

année à l'occasion d'une remise de prix annuelle.

Il est également rédacteur et critique à La Cause Littéraire en France. À l'occasion, il préface également les ouvrages de ses pairs.

Du même auteur

PROSE

MONOLOGUE DE SOURDS, prose philosophique, *Éditions du GRIL* (1992)

L'HOMME DE PAILLE, prose, *Éditions du GRIL* (1994)

UN PRÉNOM DE RENCONTRE, récit, *Éditions Le Bruit des Autres* (1997)

LES MOUETTES D'OSTENDE, roman, Éditions Les Carnets du Dessert de Lune (2008)

DORURES LÉGÈRES SUR L'ESTRAN, roman, Éditions Les Carnets du Dessert de Lune (2015)

DE PORCELAINE, récit, *Éditions Le Coudrier* (2018)

BOLÉRO PROSE, Éditions L'Âne qui butine (2022)

POÉSIE

LE SOURIRE DU HÉRON, poésie, *Éditions du GRIL* (1988)

LES CHEMINS DE VERRE, poésie, *Éditions du GRIL* (1989)

AMBRES LUNAIRES, poésie, *Éditions du GRIL* (1990)

L'INSTANT D'APRÈS, poésie, *Éditions du GRIL* (1991)

AILES DE BRUME, poésie, *Éditions Tirtonplan* (1992)

UN PEU PAR HASARD, poésie, *Collection Forum* (Prix d'édition) (1994)

PASTELS POUR UNE ENFANT VOLÉE, poésie, *Amitiés Provence* (Prix d'édition) (1996)

LE CONTRAIRE D'UN REGRET, poésie, *Éditions du GRIL* (1997)

LES MOTS IMPRONONÇABLES, poésie, *Éditions L'Arbre à Paroles*

(1997)

CLAIRIÈRES DE NUIT suivi de PAUSE DE NUIT, poésie, *Éditions du GRIL* (2021)

JUSQU'À L'ERRANCE DES SOLEILS, poésie, *Éditions Cahiers Froissart* (Prix d'édition) (2003)

BOUTURES DU MATIN, poésie, *Éditions du GRIL* (2003)

CONNIVENCES APHONES, poésie, *Éditions Microbe* (2005)

MESSAGER DE LA COULEUR, poésie, *Éditions du GRIL* (2005)

AIRE DE DÉPART, poésie (Prix Poésie sur Seine 2006)

CHÂTEAU DE LA COUR DES MIRACLES, poésie, *Éditions du GRIL* (2008)

ÉCAILLES DE NUIT, poésie (Prix d'édition de l'Écritoire d'Estieugues 2008

LA ROUTE DU RIZ, poésie, *Éditions du GRIL* (2009)

L'ARCHIVISTE DU BROUILLARD, poésie, *Éditions du GRIL* (2011)

LA MAIN HEUREUSE, poésie, *Éditions du Douayeul* (Prix des Beffrois) (2012)

ELLE A DANSÉ AVEC LES LOUPS, poésie (Prix d'édition Littérales 2012)

TANT DE BONHEUR À RENDRE AUX FLEURS, poésie, *Éditions Le Coudrier* (2016)

PARTAGE DE LA NUIT, poésie, Éditions Le Coudrier (2017)

TANT DE BONHEUR À RENDRE AUX FLEURS - ATÂTA FERICIRE SA DAU FLORILOR (version bilingue franco-roumaine), poésie, *Éditions Le Coudrier* (2019)

LE TEMPS APPRIS, poésie, *Éditions Le Coudrier* (2021)

MOUVANCES DE PLUMES, poésie, *Éditions Le Coudrier* (2022)

BAISERS SOUFFLÉS, poésie, *Pierre Turcotte Éditeur* (2022)

Chez Pierre Turcotte Éditeur
Collection Magma Poésie

Pierre Turcotte
Calme brûlant

Marcel Dugas
Paroles en liberté

Natalia Santa-Olalla Temboury
Nos-otros [espagnol]

Laurence Chaudouët
Éclats

Christophe Condello
Entre l'être et l'oubli

Joseph Quesnel
Œuvres complètes

Nadège Broustau
Prendre son pays pour un cheval

Line Mc Murray
Le cabinet des humeurs

Baisers soufflés

54

Ce volume est le no 11 de la Collection Magma Poésie.

Pierre Turcotte Éditeur
10393, avenue Christophe-Colomb
Montréal (Québec) H2C 2V1
Canada

https ://www.pierreturcotte.com/

turcotte.pierre@gmail.com